POÉSIES

PAR

ALFRED PIQUOT,

CULTIVATEUR

A OMONVILLE-LA-FOLLIOT (MANCHE).

1860.

VALOGNES,

IMPRIMERIE DE G. MARTIN, LIBRAIRE,

PLACE DE L'ISLET.

POÉSIES.

POÉSIES

PAR

ALFRED PIQUOT,

CULTIVATEUR

A OMONVILLE-LA-FOLLIOT (MANCHE).

VALOGNES,

IMPRIMERIE DE G. MARTIN, LIBRAIRE,

PLACE DE L'ISLET.

1860

AVANT-PROPOS.

J'ose offrir au public une traduction en vers de l'œuvre de Mme Cottin, ayant pour titre : *La Prise de Jéricho ou la Pécheresse convertie*. Peut-être en portant une main téméraire à cet ouvrage, en ai-je dénaturé le sens et terni toute la beauté. Que le lecteur, considérant ma jeunesse et mes faibles lumières, soit indulgent et daigne me pardonner.

La pièce adressée *Aux débris d'un temple sacré*, est basée sur l'histoire des malheurs d'une paroisse qui, victime des désordres de 1793, fut réunie, pour le civil et pour le spirituel, à une commune voisine, en 1812. En 1853, un procès scandaleux fut intenté contre elle : on voulait, par de feintes idées de religion, démolir l'église de cette section, interdite au culte en 1839, et détruire son cimetière, où la dernière inhumation a été faite en 1840. Les habitants opposèrent une défense énergique pour repousser un tel projet : ils présentèrent à l'autorité une riche souscription pour restaurer leur antique église, dévastée depuis 1843, et réclamèrent avec force la conservation du sol mortuaire où reposent les cendres de leurs ancêtres. Mais le mensonge, sous le voile de l'austère vérité, eut plus d'accès que les sentiments religieux émanés des cœurs d'une population pleine d'une profonde vénération pour les morts ; la sagesse du conseil diocésain ne dut donc faire aucune réponse satisfaisante à ces habitants ; cependant, le parti contraire ne fut point autorisé à l'exécution de son indigne projet, et le cimetière de cette ancienne paroisse existe encore aujourd'hui avec les ruines de l'église qu'il renferme.

LA PRISE DE JÉRICHO.

LIVRE PREMIER.

Béni soit le Seigneur ! si sa juste colère
Sur l'impie endurci fait tomber son tonnerre,
Le pécheur gémissant sur ses tristes erreurs,
Prosterné contre terre et le visage en pleurs,
Désarmera des cieux la suprême vengeance,
Et d'un Dieu de bonté goûtera la clémence.

O toi cité fameuse, aux remparts menaçants,
Toi, dont le souvenir perce la nuit des temps,
Dis comment Dieu lançant ta sentence terrible
Renversa les pervers sous son bras invincible,
Dis comment au concert des cymbales, des cors,
Dont les chants des tribus relevaient les accords,
Suivi d'un cri poussé par mille voix perçantes,
Croulèrent en débris tes murailles tremblantes ;
Et comment le Seigneur sait combler les désirs
Des cœurs qui vers son trône élèvent leurs soupirs.

Le peuple saint, en deuil dans ces plaines célèbres,
Faisait retentir l'air de ses plaintes funèbres,

Moïse n'était plus. Josué, par l'Eternel,
Avait été choisi pour conduire Israël,
Et pour guider ses pas dans la terre promise,
Josué, moins éloquent, moins savant que Moïse,
Plus sublime guerrier que grand législateur,
Aussi soumis aux lois qu'imposait le Seigneur,
Aussi rempli du feu de sa vive lumière,
Déployait aux combats une ardeur plus guerrière.

Sur ces monts si fameux, dont le front éternel
Semble en perçant les airs s'élancer jusqu'au ciel,
Souvent ce roi pieux recherchait le silence
Pour adorer de Dieu la suprême puissance
Près d'un roc solitaire, un jour, sur ces hauts lieux,
Au ciel pour tout son peuple il adressait des vœux ;
Quand d'un nuage épais descendant sur la terre,
Et dont les flancs obscurs vomissaient la lumière,
Une céleste voix fait entendre au héros
Contre un peuple pervers ces redoutables mots :
« Jéricho, par l'erreur aux faux dieux asservie,
« Ne doit plus dans son sein nourrir un peuple impie.
« Je veux voir, de ses murs, de ses temples détruits,
« Mes autels par ta main dressés sur les débris.
« Des fils de Canaan sur l'odieuse race
« Va diriger les coups dont mon bras les menace :
« Les traits de mon courroux reposent dans ta main,
« Assemble tout ton peuple et passe le Jourdain.
« Dans ces heureux climats où tout semble sourire,
« Va fonder d'Israël la puissance et l'empire
« A ton peuple, Josué, fait entendre ma voix :
« S'il se montre soumis, s'il observe mes lois
« Mon bras, pour son secours déployant sa puissance,
« Sera le juste prix de son obéissance.

Grand Dieu , répond Josué , levant ses bras tremblants ,
Je jure obéissance à tes commandements :
Et , si de les enfreindre ah ! je trame le crime ,
Qu'alors de ton courroux tu m'écrase victime.
O Dieu puissant et bon , qui veille sur nos jours ,
Que le cœur d'Israël réponde à tes secours.
Tout-à-coup de la nue une flamme éclatante
Enveloppe de feux la montagne tremblante :
Le roi tombe ébloui , dans un respect profond ,
Il frémit , contre terre il attache son front ;
Mais du Très-Haut la voix , puissante et paternelle ,
Relève à ses accents ce monarque fidèle.
Le nuage embrasé disparaît dans les airs ,
Et la foudre se tait aux échos des déserts.

Josué vole à son camp , et bientôt la patrie
Entend du cors sacré la frappante harmonie ;
Tout le peuple apparaît dans les vastes déserts
Semblable , en accourant , aux flots émus des mers.

Le saint roi , recueilli dans le fond de sa tente ,
Pour bénir ses enfants devant eux se présente.
Le corps demi-courbé , les yeux fixés en haut ,
Chacun attend en paix les ordres du Très-Haut.
Josué , d'une voix forte , au milieu du silence ,
Si frappant à l'aspect de cette foule immense ,
Dit : « Enfants de Jacob , aujourd'hui l'Eternel ,
Pour vous m'a fait entendre un ordre solennel :
Il veut que vous marchiez vers le grand héritage
Qu'à vos aïeux, jadis il promit en partage.
Si vous êtes armés d'une sincère foi ,
Si vous êtes soumis , fidèles à sa loi ,
A vos nobles efforts il offre les conquêtes.

Son bouclier puissant ombragera vos têtes ;
Vous verrez éclater au fond de ces déserts,
Les merveilles du Dieu qui soutient l'univers ;
Aux terribles accents de sa voix foudroyante,
Vous verrez obéir la nature tremblante ;
Les monts et les rochers devant vous tomberont ;
Sur leurs pics renversés leurs flancs se briseront ;
Le Jourdain, sous vos pas, refluera vers sa source ;
Les astres protecteurs guideront votre course.
Peuple chéri du ciel, ô témoigne à ton Dieu
Ton amour et ta foi : rassemblé dans ce lieu,
Sur les autels fumants du sang des sacrifices,
Viens jurer d'obéir à ses ordres propices.
Aux tourbillons de flamme enlevés dans les airs,
De tes cantiques saints viens mêler les concerts.
Redouble avec ardeur tes ferventes prières,
Et tes privations, et tes jeûnes austères,
Tandis que deux guerriers affrontant les hasards,
Iront de Jéricho visiter les remparts. »

A la voix de leur chef, ces tribus magnanimes,
Au pied des saints autels où brûlent les victimes,
Se pressent à genoux, et, les mains vers les cieux,
Répètent au Très-Haut leurs serments et leurs vœux.

Alors tous les héros à la cité fameuse,
Brûlent d'exécuter la tâche périlleuse.
Le roi pour ce grand but élève enfin la voix :
D'Horam et d'Issachar sa sagesse fait choix.

Horam, dans l'âge mûr, de Moïse son maître,
Au rang des grands amis eut l'honneur de paraître.
Issachar, de Juda sublime rejeton,
De ses vaillants aïeux soutient l'honneur du nom.

Issachar, de la vie atteint déjà l'aurore ,
Un génie éclatant en lui paraît éclore.
Déjà plus d'une fois dans l'ardeur des combats ,
Il a pour Israël fait redouter son bras.
Rempli d'un zèle saint , dès ses tendres années ,
Il sait qu'il doit répondre aux hautes destinées,
Aux honneurs éminents à sa race promis ,
En répandant son sang pour ses frères chéris.
Ses traits majestueux expriment sa grande âme ;
Ses yeux noirs et brillants lancent des traits de flamme ;
Sa noire chevelure en mille nœuds flottants ,
Se disperse en arrière et vole au gré des vents.
Vers ce jeune héros , si fameux par ses armes ,
 Les vierges , admirant et sa gloire et ses charmes,
Poussent depuis longtemps les plus tendres soupirs ;
Mais son âme est fermée à leurs chastes désirs :
Il étend ses regards sur leur troupe divine ,
Il ne voit point l'objet que le ciel lui destine.

  L'heure du départ sonne , et du devoir la voix
Répète du Très-Haut la promesse et les lois.
Issachar va quitter le toit et la patrie ;
Il faut qu'il se dérobe à sa mère chérie
Qui le retient en vain dans ses tendres douleurs ,
Le serrant dans ses bras et le couvrant de pleurs.
Son vieux père , affaibli , charge son front de cendre
Sans qu'au cruel chagrin il paraisse se rendre :
Imitant Abraham dans ces touchants adieux ,
Sans répandre une larme il suit son fils des yeux.

FIN DU PREMIER LIVRE.

LIVRE DEUXIÈME.

A peine le soleil en dorant les montagnes ,
Etendait ses rayons dans les vastes campagnes ,
Que du grand Israël les nobles messagers ,
Remplis d'amour pour Dieu , sans songer aux dangers ,
Volaient vers le Jourdain , n'aspirant qu'à la gloire
D'aplanir une voie aux pas de la victoire.

Le grave Horam , dont l'âge a blanchi les cheveux ,
A vu la mer s'ouvrir , le pain tomber des cieux ,
Et des flancs du rocher jaillir une onde claire.
Témoin des dons de Dieu , témoin de sa colère ,
Il a vu d'Israël les enfants égarés ,
Dans la fureur du ciel par le feu dévorés.
En mettant à profit sa longue expérience ,
Du Dieu de l'univers il chantait la puissance ,
Les suprêmes bontés , les secours inouïs ,
Qu'il prodigue aux mortels à son culte soumis :
Ainsi dans leur chemin sa profonde sagesse
D'Issachar attentif instruisait la jeunesse.
Ces beaux champs , disait-il , ces fertiles pays ,
L'impie Amorrhéen les possédait jadis :

Manassé , Gad , Ruben , aujourd'hui sur ces rives ,
Font ruisseler le vin et le jus des olives.
Etendez vos regards au delà du Jourdain ,
Sur cette plaine immense et couverte de lin ,
Sur ces riches moissons , sur ces verts pâturages ,
Où l'olivier, le cèdre étendent leurs ombrages ,
C'est sous cet heureux ciel, dans ces lieux fortunés ,
Par un culte odieux trop longtemps profanés ,
Au milieu des forêts, qu'est la ville des palmes ,
La grande Jéricho , la cité des infâmes.
Ses prêtres insensés , ces barbares tyrans ,
Au pied d'affreux autels brûlent leur vil encens :
Ses orgueilleuses tours , qui percent les nuages ,
Jusqu'au sein du Très-Haut vont porter leurs outrages.
Ah ! peuple malheureux , peuple blasphémateur ,
L'Eternel va sur toi lever son bras vengeur.

Mon fils , si vous sentez votre âme défaillante
Sous le poignard sanglant de la mort effrayante ,
Sous le feu des bûchers qu'apprête Jéricho ,
Elevez vos regards vers le mont de Nébo ,
Et songez que c'est là sous la main vengeresse ,
Que Moïse en mourant expia sa faiblesse.
Je sais , dit Issachar , s'inclinant à ces mots ,
Que du sein des brasiers, que du fer des bourreaux ,
Si nous sommes armés de cette foi sincère ,
L'Eternel, s'il lui plaît, peut toujours nous soustraire :
Je reconnais ses dons , je révère ses lois.
Cependant , de Moïse en employant la voix ,
Il me promit qu'avant la fin de cette année
J'engagerais ma foi : sa promesse est donnée,
Et j'en ose douter : je touche au dernier jour ,
Je n'ai point vu d'objet s'offrir à mon amour...

Je quitte de Juda les vierges , la patrie ,
Je vais au sein d'un peuple où règne un culte impie ,
Dieu voudra-t-il tirer de cet odieux sang ,
Celle qui doit porter dans son pudique flanc
Les ancêtres du Christ , du Rédempteur du monde ?
Issachar , dit Horam , sa sagesse est profonde.
Nous ne pouvons de Dieu pénétrer les desseins.
Sa suprême pensée est fermée aux humains.
Chassez de votre esprit ce penser qui vous touche.
Ne doutons point des mots qui sortent de sa bouche.

 Les Hébreux dans leur course ont redoublé d'efforts ,
Du Jourdain écumant ils atteignent aux bords ;
Mais l'onde impétueuse inondant les rivages ,
A leurs pas généreux ferme tous les passages :
Des bords de l'Asphaltite aux rives du Jaser ,
Le torrent se gonflant paraît les repousser ,
Partout les flots bruyants dans leur course rapide ,
Semblent glacer d'effroi leur courage intrépide.
Grand Dieu ! s'écrie Horam nous abandonnez-vous ?
Non , non , dit Issachar , il a les yeux sur nous.
De notre amour peut-être il exige une preuve ,
Implorons son secours dans cette rude épreuve.
Il dit , et s'élançant , des vagues en fureur
Il parvient en luttant à se rendre vainqueur ,
Et sous les yeux d'Horam atteignant au rivage ,
A l'être qu'il adore il rend son juste hommage ,
Horam en l'admirant bientôt va l'imiter :
Dans les flots écumeux il ose se jeter.
La force du torrent l'engloutit et l'entraîne ,
Son corps en succombant se relève avec peine ,
Mais le bras d'Issachar , ranime ses efforts ,
De la rive opposée il gravit sur les bords.

Ils traversent les bois et les plaines riantes.
Bientôt de Jéricho sur les tours menaçantes,
Sur les murs orgueilleux s'arrêtent leurs regards,
Ils marchent jusqu'au pied de ces affreux remparts.
La nuit enveloppait l'univers dans ses voiles ;
Le firmament brillant se parsemait d'étoiles ;
Les vents ne bruyaient plus dans le sein des forêts ;
Sous l'œil du Créateur tout rentrait dans la paix.
Les héros d'un pas ferme, armés de leur vaillance,
Sans effroi dans l'enceinte avancent en silence.
Dans ces lieux de terreur, affrontant le trépas,
La mort lève ses coups, mais ils n'y songent pas.
Une jeune beauté, modestement vêtue,
Tout-à-coup dans les murs apparaît à leur vue :
Ses cheveux, sous un voile ombrageant ses attraits,
Tombaient en boucles d'or épars et sans apprêts.
Son visage était beau, mais ses yeux pleins de charmes,
Languissants et baissés, étaient mouillés de larmes :
Le chagrin dévorant dans tous ses traits empreint,
Avait terni l'éclat, la fraîcheur de son teint.
Comme une tendre fleur que la rosée incline,
Sa tête tristement penchait sur sa poitrine.
Elle voit les Hébreux, sa sensible pudeur
Couvre aussitôt son front d'une noble rougeur :
Elle approche, et levant sur eux un œil timide,
Elle dit : étrangers, qui paraissez sans guide,
J'ignore quel projet dans nos murs vous conduit ;
Mais quelqu'il soit, encor dans ces lieux, à la nuit,
Si l'hospitalité ne vous est point offerte,
La maison de Rahab ici vous est ouverte.
A sa voix innocente, à son maintien pieux,
Les guerriers interdits s'interrogent des yeux.
Sa beauté, sa pudeur, par un charme invincible.

Saisissent d'Issachar le cœur grand et sensible :
Du plus tendre aiguillon il sent déjà les traits ,
Et ses yeux enchantés dévorent tant d'attraits.
Vivez-vous dans ces murs , dit-il , vierge charmante
Qui nous tend en ces lieux une main bienfaisante ?
Vierge , dit-elle , hélas ! ce nom ne m'est point dû ,
Et son visage en pleurs devint pâle , abattu ,
Des prêtres de Baal l'odieuse puissance ,
En trompant ma jeunesse et ma faible innocence ,
Dans mon âme a versé l'amertume , le fiel ,
J'ai méconnu le Dieu de la terre et du ciel ,
Et mon corps tout sanglant , brûlant en sacrifice
Ne paierait le tribut qu'exige sa justice.
L'Eternel vous entend , dit Issachar surpris ,
Sa grâce de vos pleurs sera le juste prix.
Un enfant égaré le fléchit , le désarme ,
Quand coule de ses yeux une sincère larme :
Ce Dieu clément le voit , il l'appelle à son tour ,
En père il le reçoit plein de joie et d'amour.
A ces mots consolants ses soupirs se calmèrent ,
Et ses yeux éplorés d'un doux éclat brillèrent.
De Rahab le héros presse la blanche main ,
Et vers un toit modeste on se met en chemin.
Tous deux les yeux baissés, ils marchent en silence ,
Horam n'ose troubler leur timide innocence.
Issachar étonné , dans son cœur généreux ,
D'un charme tout nouveau sent couler les feux :
Il regarde Rahab, se trouble et s'inquiète ,
Son cœur bat et s'enflamme et sa bouche est muette.
Rahab n'ose lever ses regards innocents ,
Et s'étonne à son tour du trouble de ses sens :
Elle voit Issachar, elle aime , elle soupire ,
En vain elle veut vaincre un si tendre délire :

L'amour est dans ses yeux, la pudeur sur son front ;
Cette aimable vertu la trouble, la confond
Et prête à ses attraits une grâce enfantine,
Qui brille dans ses yeux d'une flamme divine.

Les guerriers accueillis sous le toit protecteur,
De l'hospitalité respirent la douceur.
Sensibles aux secours d'un peuple sacrilége,
Ils bénissent la main par qui Dieu les protège :
N'allant par un faux zèle, acceptant un bienfait,
De la main des méchants, les maudire en secret.
Avant que le sommeil ne ferme la chaumière,
La charmante Rahab, qu'un feu divin éclaire,
Prenant un cistre d'or, au Seigneur consacré,
Entonne avec transport un cantique sacré :
De sa flexible voix la douce mélodie,
Forme avec l'instrument la plus tendre harmonie.
Issachar, en extase à ces sons ravissants,
Dés célestes esprits croit entendre les chants.
Tendre enfant, dit Horam, dans un peuple idolâtre,
Des plus honteux forfaits vivant sur le théâtre,
Dans les plaisirs plongée au printemps de vos jours,
Comment avez-vous pu, sans guide, sans secours,
Juger du seul vrai Dieu, de ses bontés suprèmes,
Apprendre à l'invoquer au milieu de ces blasphèmes,
Et de ces cris affreux que poussent dans les airs
Autour de leurs faux dieux ces hordes de pervers !
Hélas ! répond Rahab, dans ma vie égarée,
Dès l'enfance aux autels des faux dieux consacrée
Dieu me voyait perdue, et perdue à jamais,
Quand il vint m'arracher à mes tristes forfaits.
Je vais tout raconter, grand Dieu ! tu me l'imposes :
Je me souviens qu'un jour, le front bandé de roses,

En cercle on me rangeait autour du dieu Baal,
Pour danser en chantant devant l'autel Catal :
Nos voix en s'élevant, nos mains licencieuses,
A peine se joignaient dans ces danses honteuses,
Que je sentis mes sens se glacer de terreur ;
Je me sentis frémir ; une froide sueur
Ruissela sur mon corps ; à ces marques funestes,
Je crus sentir les coups des vengeances célestes.
Le temple et le faux dieu me parurent affreux :
Je m'enfuis en tremblant, je désertai ces lieux ;
Je quittai Jéricho, mes parents, mes compagnes.

J'errais en insensée au milieu des campagnes :
Une brûlante soif dévorait mes poumons ;
Je courais pour l'éteindre, aux sources des vallons,
Et buvais à longs traits leur onde salutaire ;
Parfois je me jetais la face contre terre ;
Et m'écriais : Grand Dieu ! je reconnais ta loi.
Hélas ! que de tourments quand on vit loin de toi.
J'ai péché ! de regrets mon âme se déchire.
Ce cœur, ce faible cœur, est-ce en vain qu'il soupire !
De mes iniquités décharge moi du faix.
Que ne puis-je en ton sein goûter la douce paix !

Un jour je m'arrêtai dans ce pays sauvage :
Et pâle de douleur je tombai sous l'ombrage.
A peine un doux sommeil en allégeant mes maux,
Sur mes yeux presqu'éteints étendait ses pavots,
Qu'un de ces purs esprits apparut à ma vue :
Supporté sur les flancs d'une éclatante nue,
Il semble s'échapper du fond des cieux brillants
Et fendre en paix les airs en planant sur les vents.

Il descend ; il m'ombrage en déployant ses ailes ,
S'embellissant aux feux des voûtes éternelles :
Tes pleurs et tes soupirs , me dit-il d'un ton doux ,
Du Dieu que tu chéris ont calmé le courroux :
Il te pardonne enfin , sa puissance infinie
Promet que de ton sein descendra le Messie.
Admire ses bontés , bénit ses actions ;
Résiste pour lui plaire aux traits des passions :

On ne peut remporter de plus noble victoire :
Il n'est point ici bas de plus solide gloire.
Réjouis-toi , Rahab , tel est l'arrêt du ciel :
Et bientôt le plus beau des enfants d'Israël.....
Sa voix tremblante expire et son front se colore
Comme la pâle nue aux rayons de l'aurore ;
Elle lève les yeux sur le jeune héros
Et son tendre regard semble achever ses mots.
Tout-à-coup du logis on enfonce les portes :
C'étaient de Jéricho les farouches cohortes.
Des Hébreux , pleins d'audace , au bruit de ces soldats ,
L'œil terrible parait défier le trépas.
Rahab de ces bourreaux affronte la furie.
Perfide ! dit le chef , qui trahit la patrie ,
Et du Dieu d'Israël suit en secret les lois ,
Ici de deux Hébreux j'ai reconnu la voix.
Par de justes soupçons on était à ta suite.
Livre-moi ces tyrans , satisfais ma poursuite
Où le sang de ton père au supplice livré ,
Va couler sur ton corps sanglant et déchiré.
Tremble si ma recherche en ces lieux est trompée.
En prononçant ces mots il lève son épée :
Rahab courbe son front sous l'affreux coutelas :
Sa voix se fait entendre aux barbares soldats :

Alors la main d'un Dieu semble les mettre en fuite,
Et détourner leurs pas en trompant leur poursuite.

Les Hébreux aux dangers qui menacent leurs jours
Songent de leurs desseins à poursuivre le cours.
Ils annoncent du ciel l'arrêt irrévocable,
Le sujet de leur pas, la guerre impitoyable.
Rahab, fondant en pleurs, dans son cœur, en secret,
Sent le devoir sacré d'aider en ce projet.
Elle voit dans l'accès de ses douleurs amères,
Sa patrie éplorée et le sang de ses frères ;
Mais soumise au Seigneur, elle écoute sa voix,
Les paroles d'Horam sont pour elle des lois.
Nobles guerriers, dit-elle, ici votre présence
D'un monarque en courroux irrite la vengeance.
Il redoute déjà les armes d'Israël,
Fuyez pour échapper aux coups du sort cruel.
Cachez-vous au Salim dans les cavernes sombres,
Et de la nuit obscure à la faveur des ombres,
Je vous irai porter quelques frais aliments,
Et sur cette cité d'exacts renseignements.
Ah ! pardonne au doux feu que l'amour fait éclore :
Rahab, dit Issachar, je t'aime, je t'adore.
Mon cœur, en soupirant dans des liens si chers,
M'enchaîne à tes genoux par d'invincibles fers.
Ne te quitter jamais, c'est le vœu de ma flamme.
Arrache-toi du sein de cette ville infâme ;
Viens adorer ton Dieu sous un paisible ciel ;
Viens te joindre au troupeau des vierges d'Israël.
Qu'entends-je, dit Rahab, dans quelle peine amère
Mon coupable départ plongerait mon vieux père.
Pour ma fuite peut-être à l'échafaud sanglant,
Il finirait ses ⋯ ⋯ pleurant son enfant.

Séduite par l'amour je fuirais ma patrie ,
J'arracherais le jour à qui je dois la vie !
Un lien plus sacré me retient dans ses bras.
Je dois vivre en ces lieux et non suivre vos pas.
Sous un nuage épais la lune ensevelie ,
Prête à votre départ sa lumière obscurcie.
Fuyez , ici la mort sur vous lève ses coups.
Ah ! souffre qu'Issachar embrasse tes genoux ,
Dit le jeune héros , faut-il que je t'oublie ,
Que j'abandonne hélas ! tes jours à la furie
De soldats furieux et de sang altérés ,
Qui vont venger sur toi tous leurs pas égarés.
Innocente beauté , tu veux que je m'égare ,
Tu veux que je te quitte , et sous le coup barbare ,
Sous le glaive sanglant que va lever ton roi ,
Je veux t'accompagner et mourir avec toi.
Votre amour, dit **Rahab** , semble éteindre un beau zèle :
Un devoir plus sacré loin de moi vous appelle :
Pour voler aux combats Israël vous attend.
Dans vos vœux chancelant, l'Eternel vous entend.
Ce n'est point à mes pieds qu'on sert à la victoire.
Marchez d'un pas plus ferme au chemin de la gloire.
Voulez-vous de vos chefs tromper ainsi la foi
Pour être du Très-Haut un parjure à la loi !
Que ne puis-je, dit-il, en comblant leur attente ,
Te voir, te posséder dans le sein de ma tente !
Je ne t'offrirais point la pourpre , la splendeur ;
Mais des fleurs imitant de ton teint la fraicheur.
Tu n'emprunterais point d'une idolâtre fille
Cette vaine parure, ornement inutile
Aux charmes de tes yeux, aux beautés de ton sein,
De roses j'ornerais ton front pur et serein.

Ta beauté négligée, au milieu de nos tentes,
Pâlirait les attraits de nos vierges charmantes,
Comme l'astre du jour par l'éclat de ses feux
Des étoiles ternit le rayon lumineux.
Fatal et doux penser ! bonheur imaginaire !
Qui me flatte en passant comme l'ombre éphémère,
Qui naît du doux sommeil dans le sein de la nuit,
Et sous nos sens trompés s'évapore, s'enfuit.
Il faut donc te quitter. Ah ! Rahab, si ton âme
Est sensible à ces vœux que profère ma flamme,
Si je suis digne enfin de posséder un jour
Et ton cœur, et ta main dans les bras de l'amour,
Prononce sur mes jours le sceau de ton empire ;
Rends-moi ces doux serments qu'un tendre amour inspire.
J'y consens, Issachar, je me rends à tes vœux,
Répondit-elle émue et les larmes aux yeux,
Que de nos tendres cœurs la flamme mutuelle,
Couronne de nos jours l'alliance éternelle.
Adieu ! du Tout-Puissant implore le secours :
Contre le fer impie il défendra tes jours.
Adieu ! s'écrie Horam, ô fille merveilleuse,
Conserve ta belle âme et pure et généreuse.
Nous te devons la vie et notre liberté :
Puisse Dieu par nos mains payer à ta bonté.
En achevant il sort et vole vers la plaine.
Le triste amant le suit, mais le suit avec peine :
Mes jours ne seront plus qu'amertume et que maux,
Je te quitte, dit-il oppressé de sanglots.
Mais mon âme à tes pieds reste encore attachée.
Sans toi je ne puis vivre et tu m'es arrachée.
Adieu ! dans quelques jours viens combler mes désirs :
Viens terminer mes maux, mes ennuis, mes soupirs.

Je porte dans mon cœur ta promesse chérie.
Ne tarde point, Rahab, je craindrais pour ta vie :
De ces lieux de terreur je viendrais t'arracher
Ou mourir sur ton sein partageant ton bûcher.
En vain elle répond : sa voix douce et plaintive
Frappe à peine des airs la vague fugitive ;
Il fuit, Horam l'attend, l'appelle dans ses bras.
Bientôt elle n'entend que le bruit de leurs pas
Retentir sourdement au milieu des bocages ,
Et se confondre enfin dans le bruit des feuillages ;
Mais elle écoute encore, et si, dans le lointain,
La brise fait pousser aux vagues du Jourdain
Ces longs mugissements troublant les nuits profondes ,
Elle croit distinguer dans le fracas des ondes,
Les accents de fureur des soldats ennemis ,
Et de son tendre amant les plaintes et les cris.

FIN DU DEUXIÈME LIVRE.

LIVRE TROISIÈME.

Issachar suit les pas de son guide fidèle ;
Mais tremblant, incertain , il s'arrête, il chancelle ;
Souvent, dans sa douleur , vers les cieux azurés ,
Il lève en soupirant, ses regards égarés ;
Il n'entrevoit, hélas, que sinistres présages.
La lune gravissait sur les pâles nuages ;
Tantôt s'enveloppait dans leurs légers flocons ,
Dispersés et pareils à de molles toisons ;
Les ondes du grand lac , limpides et dormantes,
Répétaient de la nuit ces images brillantes ;
Des immenses forêts dans les sommets touffus ,
De la lune les feux en perles répandus,
S'agitaient au bruit doux d'une brise embaumée.
D'un jour bleu, transparent, la plaine est animée.
Soudain dans ces beaux lieux, dans ce calme enchanteur ,
Un sourd mugissement vient répandre l'horreur ,
Et la nuit a frémi par le cri des alarmes :
Au loin l'éclat du ciel rejaillit sur des armes,
Dont on entend déjà l'effrayant cliquetis :
Horam a reconnu la voix des ennemis.

4

Il arrache Issachar au péril qui menace ;
Volant vers le Carith ils dérobent leur trace.
Issachar, insensé , s'arrète sur ces bords ;
Horam pour l'entraîner s'épuise en vains efforts :
Je fuis , dit-il, où vais-je ? ô plaine solitaire !
Faut-il te dire adieu, faut-il quitter la terre
Qui garde le serment de mes premiers amours !
Pour arrèter mes pas, torrent gonfle ton cours.
Oui , je vois mon amante au supplice livrée ;
Aux pieds de ses bourreaux gémissante éplorée ;
J'aperçois se lever le poignard inhumain
Qui s'enfonce en tremblant et perce son blanc sein ;
Je vois son sang jaillir , ruisseler sur la terre ;
Ses yeux en me cherchant se clore à la lumière ;
Je la vois expirer dans l'horreur du trépas ,
En m'appelant en vain et me tendant les bras.
Tu meurs pour ton amant, cher objet de ma flamme ,
Et ton amant fuirait, comme un traître , un infàmé ,
Effrayé de tes cris ! Non , je reste en ces lieux :
Je veux sauver Rahab où mourir à ses yeux.
Vous osez , dit Horam, dans votre erreur extrème ,
Douter ainsi de Dieu , de sa bonté suprème ?
Eh ! si pour votre épouse il la veut conserver,
A-t-il besoin de vous pour la pouvoir sauver ?
Croyez-vous qu'à son bras, qu'à sa main redoutable ,
Votre faible pouvoir soit chose indispensable ?
Qui voit tout , qui peut tout , n'a besoin de ressorts ;
Qui meut les éléments rit de nos vains efforts.
Ce Dieu mérite seul qu'on l'aime , qu'on l'adore ;
Son appui s'offre à nous quand notre voix l'implore.
Abandonner Rahab à son divin pouvoir ,
Prier pour son secours c'est tout votre devoir.

Ce discours , mon enfant , semble irriter vos peines ?
Vous titrez mes propos de plaintes inhumaines ?
Je vous parais ingrat , sans doute , et plein d'aigreur.
N'oublions un bienfait , c'est un don du Seigneur.
Rahab est votre amante, elle est ma bienfaitrice ;
Vaut-elle de vos jours le sanglant sacrifice ?
Non : n'oubliez jamais qu'en tout temps , qu'en tout lieu ,
Votre vie et vos biens n'appartiennent qu'à Dieu.
S'il vous donne fortune, et talents, et lumières ,
Ce don ne vous est fait qu'en faveur de vos frères.
Songez donc, Issachar , à ce céleste appel,
Aux ordres de vos chefs, au salut d'Israël.
Votre œil sombre, abattu , redouble mes alarmes :
La parole de Dieu pour vous n'a plus de charmes.
O passion funeste, abîme de malheurs ,
D'un poison distillé tu pénètres les cœurs ;
Au sein de tes plaisirs l'infortune se cache ;
En goûtant ton bonheur , du bonheur on s'arrache ;
Ton honteux attrait tient le héros abattu ;
Amollit son courage, étouffe sa vertu.
Issachar , par l'amour d'une beauté fragile,
Tu veux donc au Seigneur te montrer indocile,
Et trahir ton devoir en méprisant ses lois ?
Tes sens sont égarés , tu n'entends plus ma voix.
En vain tous ces héros , enfants de la victoire ,
T'attendront dans leurs rangs pour partager leur gloire.
En vain ta mère en pleurs dans ses tendres soucis ,
Répétera le nom de son malheureux fils.
Adieu, jeune Issachar , dédaigne ma prière ;
Cache ton front superbe au sein de la poussière ;
Mais crains que l'Eternel , de ton amour jaloux ,
N e fasse sur Rahab éclater son courroux.

Adieu ! qu'il te pardonne et plaigne ton délire.

Dieu vengeur, frappe moi, mais que Rahab respire,
S'écrie en lamentant Issachar éperdu ,
(*Le sage Horam s'enfuit, hélas! j'ai tout perdu.*)
Dans la juste fureur de ton bras équitable,
Distingue , en me frappant , l'innocent du coupable ;
Et si , chérir Rahab , est au rang des forfaits ,
Irrite-toi , grand Dieu , je t'offense à jamais.
Que sur mon front ta foudre éclate, tonne , tombe ;
Entr'ouvre sous mes pas les horreurs de la tombe ;
Mais ne te venge point sur ses jours innocents ,
De ma rébellion , de mes égarements.
O fille trop chérie ! oui , je te vois encore ,
Et le sable d'Aram que le soleil dévore ,
N'est pas aussi brûlant que l'ardeur de mes feux.
Entends donc de ma voix les accents douloureux.;
Viens , vole entre mes bras , Rahab ta seule vue
Saurait éteindre en moi cette douleur aiguë ,
Qui me dessèche autant que l'aiguillon des airs
Décolore et flétrit la fleur de ces déserts.

Il errait à pas lents dans le fond de la plaine ;
Des soldats ennemis il se cachait à peine ;
Il craignait pour Rahab , il pleurait ses appas ,
Sans regarder la mort qui fondait sur ses pas.
Loin de goûter la paix , la fraîcheur des ombrages ,
Il foulait sous ses pieds les parfums des bocages ;
Son oreille était sourde aux doux chants des oiseaux ;
Et le nom de Rahab , par les plaintifs échos,
A ses cris , résonnait dans son âme enchaînée ,
Comme un lugubre adieu de cette infortunée.

En proie à ces chagrins, à ces rêves d'amour,
Trois fois il avait vu dans les portes du jour,
Briller les feux vermeils de l'éclatante aurore.
La nuit sombre approchait, il attendait encore.
Aujourd'hui, disait-il, en poussant un soupir,
Ma fidèle Rahab en ces lieux doit venir.
Mais déjà le soleil abaisse sa lumière
Sans qu'elle ait de ces bois traversé la lisière.
Peut-être elle n'est plus, ô mortelle terreur,
Déchirante pensée, ô songe plein d'horreur ;
Sous le fer des bourreaux, Rahab, t'ai-je perdue !
En essuyant ses pleurs il détourne la vue,
Soudain il l'aperçoit au loin dans les bosquets,
S'avancer à l'abri de leurs ombrages frais.
Des myrtes odorants les fleurs et la verdure
Couvrent en s'effeuillant sa blonde chevelure.
Rahab ! Rahab ! dit-il, est-ce toi que je vois.
La tendre amante écoute et reconnais sa voix.
Il vole à ses genoux, dans ses bras il la presse,
Ses cris sont étouffés de joie et de tendresse ;
Et de Rahab s'agite et se gonfle le sein
Comme d'un ruisseau l'onde au souffle du matin.
Viens, s'écrie Issachar, viens sur l'herbe fleurie,
Recevoir mes amours et me rendre la vie ;
Répète ces serments qui remplissent mon cœur ;
Viens cacher sur mon sein ta modeste rougeur ;
Attache sur mon cou tes bras et tes mains blanches
Comme un lierre d'un tronc s'enlace aux frêles branches.
Ces plaisirs, dit Rahab, ne nous sont point permis,
A de plus sages lois nos amours sont soumis.
Fuyons la volupté : son souris est perfide ;
Au chemin de l'erreur la folie est son guide.

Aux plaisirs fugitifs de ses traîtres appâts,
Ah ! préférons l'honneur et même le trépas.
Rahab est votre sœur, Issachar est mon frère ;
Que notre contact soit d'une fille et d'un père.
Elle dit et s'échappe et ne fait que glisser
Sur les fleurs que son pied semble à peine raser.
Issachar, qui la suit, voit sa taille élégante ;
Dans les légers replis de sa robe ondoyante,
Le vent en se jouant en soulève les flots,
Et dévoile à ses yeux mille charmes nouveaux.

Rahab du nom d'Horam fait retentir la plaine.
Le guerrier, sur le haut d'une roche lointaine,
Apparaît tout-à-coup : triste et silencieux,
Il lève ses regards et s'avance vers eux.
La généreuse fille à l'aspect de ce sage,
Sent redoubler sa force, enflammer son courage ;
Elle vole au rocher comme le cerf léger,
Gravit avec ardeur et brave le danger,
Atteint au pic aigu qu'enveloppe la nue,
Et tombe aux pieds d'Horam de fatigue abattue.
De son succès la joie embellit ses appas ;
Le héros attendri la reçoit dans ses bras :
Elle offre ainsi, malgré son sexe et sa jeunesse,
Les périls et l'amour vaincus par la sagesse.
Issachar s'approchant s'incline tout honteux,
Et sur son vieil ami n'ose lever les yeux.
L'aspect du grave Horam imprimant la sagesse,
Semble lui reprocher ses torts et sa faiblesse ;
Un noble repentir pénètre dans son cœur,
Et vient y rallumer et la force et l'ardeur.
En ces lieux, dit Rahab, mes pas se précipitent
Pour servir au projet que vos frères méditent.

Ces raisins , ces moissons , ces campagnes , ces bois ,
Bientôt seront le prix de leurs nobles exploits.
De ce Dieu tout puissant qui pour vous s'intéresse ,
On reconnait déjà la suprême sagesse.
Au souvenir des faits qu'il opéra pour vous ,
Les pervers sont transis , l'effroi les glace tous.
En vain devant ses dieux ce peuple se prosterne ,
Une sinistre horreur le frappe et le consterne.
De Sihon et de Hog, les vainqueurs , les héros ,
Qui portent le tonnerre et commandent aux flots ,
N'ont qu'à faire briller leurs armes triomphantes
Pour renverser du roi les milices tremblantes.
En achevant ces mots des hurlements affreux
Semblent sortir des flancs de ce roc caverneux :
Des espions du roi les hordes furieuses ,
Surgissent tout-à-coup des grottes ténébreuses :
Du funeste rocher ces monstres inhumains ,
Atteignent au sommet , en coupent les chemins ;
Leurs glaives meurtriers font la tranchante haie ,
Dont le sourd cliquetis en frappant l'air effraie.
Fuyons, s'écrie Horam, suivez mes pas , ô ciel !
Rahab, dit Issachar, volons vers Israël.
Suis moi, n'hésite plus , vois la mort qui s'approche.
Il dit et des hauteurs de la fatale roche ,
En dirigeant ses pas , la cachant aux regards ,
Repoussant de son bras une grêle de dards ,
S'élance dans le sein des flots de l'onde émue ,
En appelant à lui son amante éperdue.
Sur le torrent grondant Rahab va se pencher ;
Déjà ses pieds tremblants quittent l'affreux rocher ;
Mais la troupe en fureur, d'une voix de tonnerre ,
S'écrie au désespoir : Rahab ! Rahab ! ton père....

Elle tombe à ce nom sur le funeste bord ,
De son oubli frémit et se rend à la mort.
Ces farouches tyrans dans leur cruelle joie ,
Sont pareils aux lions qui dévorent leur proie.
Rahab est enchaînée aux yeux de son amant.
O jour , funeste jour , d'horreur et de tourment !
Elle lui tend les bras et sa voix oppressée ,
En exprimant encor de ses vœux la pensée ,
Lui rend en expirant les plus tendres adieux
Issachar y répond par un cri douloureux.
Sa voix en répétant le nom de sa patrie ,
De ses tendres amours , de sa mère chérie ,
Dans un dernier adieu se confond aux sanglots ,
Et son corps disparaît et roule au fond des flots ;
Mais le fidèle Horam à son secours arrive ,
S'élance dans le fleuve et l'entraine à la rive.
Issachar , sur les bords du funeste torrent ,
Etendu , l'œil éteint , froid et sans mouvement ,
N'offre plus de la mort que le reste livide ,
Alors le sage Horam , ce vénérable guide ,
Exerçant avec art ses secours empressés ,
Ranime la chaleur dans ses membres glacés.
Tel que du Créateur , la puissance infinie ,
Animant le limon par le souffle de vie ,
Vit l'homme se lever et son âme et son corps
S'agiter de concert par les mêmes ressorts.
A peine le héros revoit-il la lumière ,
Que sa voix en courroux semble appeler la guerre.
Il songe à son amante , il veut venger son sang ;
Il se relève fort , au camp vole à son rang ;
Son cœur bat enflammé d'une mâle énergie ;
D'ardeur pour les combats , d'amour pour la patrie ;

Son œil étincelant d'une sombre fureur,
Exprime en traits de feu la rage et la douleur.
L'aspect de ce héros, le bruit de ses alarmes.
Enflamment les guerriers prêts à voler aux armes :
Chacun voit les combats, la gloire, le danger,
L'Eternel à servir et Rahab à venger.

Tout-à-coup dans les cieux s'assemblent les orages :
L'air gronde et s'obscurcit de noirâtres nuages,
Dont l'épais tourbillon brûlant et ténébreux,
Comme un voile s'étend sur le camp des Hébreux.
Du fond de cette nue, apportant le tonnerre,
Une voix ébranlant et le ciel et la terre,
Des immenses déserts remplissant les échos,
Aux enfants d'Israël fait entendre ces mots :

« Peuple, sur Jéricho fait éclater ma foudre.
« Vas réduire ses tours et ses remparts en poudre.
« Que de ses toits détruits le lugubre flambeau,
« Eclaire des pervers la mort et letombeau.
« Mais je veux avant tout que tu te sanctifies,
« Pour porter un cœur pur à frapper les impies.
« Sois prêt : l'effrayant cors va sonner les combats :
« Vers le champ de terreur demain tu marcheras. »
Un silence profond, dont respira la terre,
Sembla du Dieu vivant suspendre la colère.
Des nuages obscurs l'océan ténébreux
Sous ses pieds se transforme en un char lumineux,
En poussant dans les airs des torrents de lumière.
Sur ses enfants chéris, prosternés contre terre,
Il abaisse un regard de tendresse et d'amour,
Et disparaît au fond de la voûte du jour.

FIN DE TROISIÈME LIVRE.

LIVRE QUATRIÈME.

A peine du grand jour réjaillit la lumière,
Qu'on fait sonner au camp la trompette guerrière.
Une noble fureur enflamme les guerriers.
Bientôt couverts de fer au chemin des lauriers,
Ils dirigent en rangs leur redoutable marche.
Les prêtres à leur tête avancent avec l'arche ;
Et remplissant les airs de chants harmonieux,
Animent des héros le pas victorieux.

Dans cet ordre imposant où Dieu même préside,
Le peuple du désert à la voix de son guide,
Aux concerts éclatants des trompettes, des cors,
Va franchir le Jourdain dont il couvre les bords :
Les lévites guidant cette marche fameuse,
S'avancent dans le fleuve, et l'onde impétueuse
S'élevant comme un mont suspend soudain son cours.
L'ennemi consterné, voit du haut de ses tours,
Le peuple triomphant s'élancer au passage,
Et du ciel en courroux entend gronder l'orage.

Sur le bord étranger, les enfants d'Israël,
S'empressent d'élever au Très-Haut un autel,
Éternel monument de leur reconnaissance,
Rappelant d'un Dieu fort l'effet de la puissance.
Consacrant à son nom dans le long avenir,
De leurs exploits guerriers l'immortel souvenir.

Issachar au combat veut voler sans attendre.
Mais un arrêt du ciel alors se fait entendre,
Et défend d'attaquer que le septième jour.
Cet ordre irrévocable alarmant son amour,
Comme une lourde pierre oppresse sa poitrine,
Mais son cœur s'humilie à cette voix divine.
Prosterné nuit et jour devant le Saint des saints,
Vers le Dieu qu'il adore il élève les mains,
En s'écriant : Seigneur ! que ta bonté puissante
S'étende jusqu'à moi : protége mon amante ;
Permets qu'elle respire, et qu'aux jours solennels,
Où sur ces toits détruits paraîtront tes autels,
Elle te chante en chœur aux fêtes triomphales
Où j'ornerai son front des roses nuptiales.

Quand du septième jour apparut la lueur,
Le peuple d'Israël, par l'ordre du Seigneur,
Commence avec ardeur sa marche solennelle
Et fait six fois le tour de la cité rebelle.
A la septième fois, au pied des murs tremblants,
Les sacrificateurs avec les combattants,
Au son frappant des cors, des cymbales bruyantes,
Poussent un cri perçant ; à ces voix foudroyantes
Jéricho veut en vain repousser le trépas ;
Ses remparts ébranlés croulent avec fracas,

La terre en retentit , ses entrailles émues
Vont porter la terreur jusqu'au centre des nues.
Issachar le premier dans les débris roulants ,
A travers les soldats déchirés , expirants ,
Déployant sa vigueur , sa force et son courage ,
Aux héros d'Israël va tracer un passage.
Il répand au combat la terreur et la mort.
Pareil à l'ouragan , sorti des flancs du nord,
Qui fond avec fureur dans les forêts émues ,
Et fracasse des troncs les têtes chevelues ,
Fougueux , il fend les rangs tremblants , épouvantés ,
Tout cède , tout périt , tout tombe à ses côtés ,
D'ennemis renversés il couvre le théâtre ,
Effrayant échafaud teint du sang idolâtre.
Il cherche son amante , il l'appelle à grands cris ;
Dans ce mélange affreux il vole à son logis ;
Il entre , il aperçoit son vénérable père
Déchirant ses habits , se couvrant de poussière :
A l'aspect l'un de l'autre ils tombent éperdus ;
Rahab ! crie Issachar , mon fils , Rahab n'est plus !
Dit le vieillard en pleurs , couvert d'un noir cilice ,
Ma fille est immolée au temple en sacrifice !
A ces mots , Issachar , jette un cri de terreur :
Comme un lion il court à l'asile d'horreur ;
Et d'un bras qu'animaient et l'amour et la rage ,
Jusqu'au fond de l'enceinte il se fraie un passage.
Furieux , égaré , dans ce lieu ténébreux ,
Il cherche en vain Rahab ; ses soupirs douloureux
Et ses cris font frémir l'écho des voûtes sombres.
Aux pieds du dieu caché dans les lugubres ombres ,
Il entend s'élever des pleurs et des sanglots :
Il écoute , il y vole , il brise les barreaux ,

Fermant dans leur contour l'odieux sanctuaire .
Il entre , il voit Rahab sur la sanglante pierre ,
Etendue , expirante et les cheveux épars :
Et déjà les bourreaux en levant leurs poignards .
Vont pour fléchir leur dieu s'abreuver d'infamies ,
Et d'un sang innocent teindre leurs bras impies !
A l'aspect d'Issachar , ils tombent renversés ;
Par un pouvoir divin leurs membres sont glacés :
Le héros veut lever son arme triomphante ;
Mais dans ses bras vengeurs se jette son amante :
Ne lève point le fer sur un corps abattu :
Respecte . lui dit-elle , un ennemi vaincu ;
Sois terrible au combat , mais après la victoire
Songe que la clémence est l'éclat de la gloire.
De l'humain expirant sois sensible à la voix.
Le héros se soumet à ces aimables lois :
Il jette son épée et de l'affreuse scène
L'amante avec douceur le détourne et l'entraine.
Cher objet de ma flamme , enfant aimé du ciel .
Que tes lèvres , dit-il , distillent un doux miel !

Rahab vole à son père, et de ces lieux d'alarmes
Issachar les arrache et loin du bruit des armes ,
Sur un coteau paisible , assis à la faveur
De l'ombre que répand la tendre vigne en fleur ,
Ils contemplent les feux et la noire fumée
Que vomissent les toits de l'enceinte enflammée :
Ses hôtes massacrés sur ces tristes débris :
De ces infortunés aux lamentables cris ,
Rahab est effrayée et son cœur se déchire :
O Dieu de l'univers dont le puissant empire ,
Dit-elle en soupirant , sait des faibles humains
Disposer de la vie et tracer les destins .

Pourquoi que ta bonté , ta suprême sagesse ,
Perdent ces malheureux ? Ah ! comme eux pécheresse .
Par ton divin secours j'ai reconnu ta loi ,
Faut-il que ton courroux n'épargne donc que moi !
Ne crois pas , qu'à tes pieds , contre toi je murmure :
Ni que je veuille enfin , moi , pauvre créature ,
Pénétrer les secrets des desseins éternels ,
Non , mais souffre ces pleurs , ces regrets fraternels .
Je me borne à t'aimer , à te plaire , à te craindre .
Si tu hais le pécheur , permets-moi de le plaindre ;
Je partageais jadis ses funestes erreurs ,
Et je dois plus qu'aucun pleurer sur ses malheurs .
Viens , s'écrie Issachar , ah ! que tes tendres larmes
En mouillant tes beaux yeux embellissent tes charmes.
Approche , et que ma bouche , implorant tes faveurs ,
Recueille sur ta joue une goutte de pleurs ,
Comme le feu du jour sur la rose naissante
Pompe de la rosée une perle tremblante.
D'Issachar ces accents de tendresse , d'ardeur ,
De l'amante éplorée alarment la pudeur :
Eloigne-toi , dit-elle , à ses vœux insensible .
Regarde du Très-Haut la vengeance terrible :
Craignons de l'irriter et tombons à genoux ;
Prions ce Dieu puissant de suspendre ses coups.
Quel bonheur , Issachar , si du sein de la flamme
Nous pouvions arracher de ces pécheurs une âme !
Que ce serait pour nous un plus doux souvenir ,
Que celui qui naîtrait d'un coupable plaisir.
L'amant , quoique plongé dans une douce ivresse ,
Entend dans ce discours la voix de la sagesse.
De sa pieuse amante il se soumet aux vœux ;
Et de l'horrible nuit sous l'ombre ténébreux ,

Comme leurs jeunes cœurs, leurs prières se joignent :
Jusqu'au trône éternel bientôt elles atteignent,
Et pour fruit de leurs vœux, de leurs pleurs fraternels,
Gabaon respira les bienfaits éternels :
Ce peuple fut soustrait du milieu des victimes,
Et l'amour du Seigneur fut le prix de ses crimes.

Lorsqu'enfin s'arrêta la vengeance des cieux ;
Que l'horreur et la mort s'enfuirent de ces lieux ;
Sur les débris fumants de l'enceinte envahie,
De l'hymen d'Issachar pour la cérémonie,
Le roi fit élever les somptueux apprêts.
Les cèdres, arrachés des antiques forêts,
S'élancent dans les airs en colonnes hardies ;
A leurs troncs élégants flottent des draperies
Sur un autel dressé par la main des guerriers,
Le plus doux des parfums fume au sein des lauriers.
Du sanctuaire saint sur les faces sacrées,
S'élèvent des combats les armes décorées.
Tout le peuple assemblé célèbre les grandeurs
De l'arbitre éternel qui choisit les vainqueurs.

De cent héros armés une troupe imposante,
Dirige vers l'autel sa marche triomphante :
De la gloire en leurs mains flottent les étendards.
Le feu de la victoire anime leurs regards.
On distingue Issachar, à sa taille, à ses charmes,
A sa démarche grave, à ses brillantes armes :
Son panache éclatant s'agite dans les airs ;
De sa terrible armure éclatent les éclairs.
Rahab marche à sa droite au sein de ce cortège :
Sous un voile léger brille son teint de neige :

Ses cheveux sur sa gorge agités par les vents ,
Retombent sur son sein en longs anneaux flottants ;
Sur son front, décoré par la rose fleurie ,
Se peignent les attraits du printemps de la vie ;
De ses nobles habits l'éclatante blancheur,
Relève de son teint la divine fraîcheur.
Belle d'humilité , d'un pas lent elle avance ,
Baissant avec douceur ses yeux pleins d'innocence :
Aussitôt mille voix partant de tous les rangs ,
Font entendre des cris , des applaudissements.
Les lévites nombreux dans la divine enceinte ,
Sur l'autel éclatant ont posé l'arche sainte.
Les amants s'avançant , au pied de l'arc divin ,
S'inclinent à genoux et se donnent la main.
Alors le roi paraît et sa main paternelle
S'étend sur leurs fronts purs ; sa voix pieuse appelle
Les grâces du Très-Haut sur leurs tendres amours ,
Et prononce et bénit l'union de leurs jours.

Les enfants d'Israël, durant cette journée ,
Célèbrent du héros la gloire et l'hyménée ,
Et font pour son bonheur retentir jusqu'aux cieux ,
Leurs bénédictions, leurs prières , leurs vœux.
Les guerriers appuyés sur leurs piques tranchantes ,
D'un côté sont en rang, et leurs voix triomphantes ,
En transport s'élevant , du maître des combats
Célèbrent le pouvoir qui protégea leurs bras ;
Et leurs vaillantes mains , travaillant pour sa gloire ;
Défiant le trépas aux champs de la victoire ;
Vont enfin tour à tour en cueillant des lauriers ,
Comme un juste tribu les poser à ses pieds.
Des vierges le troupeau , dans ces divins cantiques,
En mêlant de leurs voix les accords angéliques ,

D'une tendre harmonie enflamment tous les cœurs.
Le son des cors sacrés accompagne ces chœurs.
Ces concerts s'étendant dans les vastes campagnes ,
Sont répétés au loin par l'écho des montagnes.

Enfin la nuit paisible obscurcissant les airs ,
Jeta son voile noir sur l'immense univers.
Israël termina ses chants et ses prières ;
Les vierges sous leurs toits rejoignirent leurs mères ;
Le sommeil apportant la paix et le repos ,
Sur le camp triomphant étendit ses pavots ;
Et sur un lit de fleurs , de mousse et de verdure ,
Rahah ayant alors pour unique parure
De ses rares attraits l'ornement naturel ,
Pour voile sa pudeur , pour pavillon le ciel ,
Apprit dans les doux nœuds d'une sainte alliance ,
Que les plaisirs sont ceux qu'embellit l'innocence ,
Que permet le devoir par les vœux solennels
Et les tendres serments faits au pied des autels.

AUX DÉBRIS D'UN TEMPLE SACRÉ.

Dans l'enceinte funèbre où dorment nos aïeux ,
Découvrons en tremblant nos fronts respectueux ;
Répandons , compagnons , sur leurs tombes chéries ,
Ces lauriers arrachés à des mains ennemies ,
Et prions le Seigneur qu'un odieux mortel
Ne revienne jamais , par un vœu criminel ,
Prétendre en ce saint lieu , de ses mains téméraires ,
Remuer à nos yeux les cendres de nos pères !

Et toi , temple sacré , demeure où l'Eternel
Entendait de leurs chants le concert solennel ,
Par leur zèle pieux tes voûtes décorées ,
Au service divin huit siècles consacrées ,
N'offrent plus aujourd'hui qu'un spectacle touchant ,
Qu'un amas de débris dont frémit le passant !

De ces ombrages frais couronnant la verdure ,
Ton élégant clocher dévasté , sans toiture ,
Ne fait plus retentir ses sons mélodieux
Dans le calme profond qui règne en ces beaux lieux !

Sur ce mont verdoyant la main de la nature
Entoure de beautés ta simple architecture ;
Dans ce lieu , de ses dons l'assemblage étonnant ,
Semble nous répéter : adore un Dieu puissant.

De ce sommet sacré la hauteur dominante
Offre à l'œil enchanté la campagne riante ,
Dont la riche ceinture , où s'élèvent ces monts ,
Couverts d'arbres touffus et de jaunes moissons ,
Manifeste en tous lieux sur sa surface immense ,
Les progrès de notre art , la paix et l'abondance.

L'occident offre aux yeux les vastes champs des mers :
Dont les flots en fureur sous le trouble des airs ,
S'élèvent quelquefois jusqu'au sein des nuages ,
Et semblent en grondant menacer les orages.
Si le calme revient , au souffle du zéphir ,
On les voit tout-à-coup s'apaiser , s'aplatir ,
Et les vaisseaux poussés par ces douces haleines ,
Glissent d'un vol léger sur ces liquides plaines.

Là-bas , près de la dune , au pied de ce vieux fort ,
Aux hardis nautonniers s'ouvre l'abri d'un port.

Ici , de ces verts prés sur les rives charmantes ,
Blanchissent en fracas les vagues mugissantes.
Parfois les eaux du ciel submergeant leurs tapis ,
Sous une onde limpide ils sont ensevelis :
Les coteaux d'alentour et leurs moissons flottantes ,
Sont peints dans le cristal de ces ondes dormantes
Qui , s'enfuyant soudain sous le souffle des vents ,
Cèdent aux feux du jour les gazons renaissants :
Partout de clairs ruisseaux roulent d'un doux murmure ,
Et vont en jaillissant sur la tendre verdure ,
Se joindre en bouillonnant au cours majestueux ,
Qui coule sous l'abri de ces saules ombreux ,
Et se précipitant au but de sa carrière ,
Joint son onde paisible aux flots de l'onde amère.

Antique monument, par tes beaux alentours,
Quelle foule accourait jadis en ces grands jours,
Aux concerts éclatants des hymnes triomphales,
Saluer par ses vœux tes fêtes patronales !
Mais quand vint à surgir la révolution
Tu fus enveloppé dans le noir tourbillon.

Le pays vomissant la caste gentillâtre,
Offrait au globe ému le plus affreux théâtre.
La vengeance en furie aiguisait les poignards,
Et dans des flots de sang trempait ses étendards.
L'anarchie, animant ses hordes effrayantes,
Ravageait de la paix les retraites tremblantes ;
Et portant à sa main et le fer et le feu,
Sur les autels brisés défiait le vrai Dieu.
Dans ces jours de terreur où la France en alarmes,
Emoussait dans son sein la pointe de ses armes,
Une main fanatique et féconde en forfaits
Au service divin te ferma pour jamais !
Mais cette même main respecta ta parure,
Et n'osa des défunts fouiller la sépulture.

A toi ces derniers mots, barbare qui m'entends,
Destructeur de ces murs respectés des tyrans !
Toi qui, sorti du sein d'une crasseuse race,
As peut-être vécu chargé d'une besace ;
Toi, dont l'esprit rampant, par fruit de charité,
N'a moissonné qu'orgueil dans un cours avorté ;
Mercenaire odieux d'un troupeau qui t'abhore,
Tu ris de ces vertus dont le chrétien s'honore ;
Et loin de satisfaire aux desseins Eternels,
Tu pervertis les cœurs et brise les autels !

Dans cet asile saint jusqu'où ta main impie
N'a pas à nos regards retracé l'anarchie !
Dis-moi, n'a-t-on pas vu, par l'effort de ton bras,
Ces antiques autels crouler avec fracas ?
Ces pavés arrachés ? Ce tableau qu'on révère
Et l'image du Christ rouler dans la poussière ?
Quel terrible spectacle ! On ne peut sans frémir
De tes horribles faits peindre le souvenir.

Plus tard, ressouviens-toi, dans ces jours mémorables,
Des efforts opposés à tes vœux exécrables :
Non content de briser ces vestiges sacrés,
Du temple dévasté sur les toits déchirés,
Ta sacrilège main, qu'animait un faux zèle,
Allait, en consommant son œuvre criminelle,
Bouleverser dans ce champ et la terre et les os,
Et se repaitre enfin dans le fond des tombeaux.

De ces rustiques toits, ces retraites obscures,
Où l'on retrouve encor cette foi, ces mœurs pures,
Un lamentable cri retentit jusqu'aux cieux :
Tremblante, au désespoir, errant dans les saints lieux,
Sur la tombe d'un fils, la mère désolée,
Incline en sanglotant sa tête échevelée,
Et levant vers le ciel ses yeux mouillés de pleurs,
Implore du Très-Haut d'éclairer tes erreurs.
Tout ce troupeau chrétien à tes pieds, en prières,
Veut repousser tes mains des tombes de ses pères,
Et toi, loin de bénir ces nobles sentiments,
Tu veux le disperser sous tes coups menaçants,
Et ton œil en fureur semble invoquer la foudre
Pour réduire ces murs et ces tombeaux en poudre.

Un humble paysan , du saint lieu défenseur ,
Rempli d'un zèle ardent , te frappe de terreur :
Aux traits de ton courroux il se montre invincible ,
Il marche soutenu d'une main invisible ,
On le vit , combattant tes odieux écrits ,
Du temple et des tombeaux racheter les débris.
Et toi couvert de honte, accablé dans ta cendre ,
La voix d'un Dieu vengeur sembla te faire entendre :
Garde-toi de toucher aux temples abattus ,
Et respecte , insensé , le chrétien qui n'est plus.

LES DEUX ENFANTS.

Un jour deux enfants du village,
En courant et sautant autour de leur maison .
Se livraient aux jeux de leur âge.
L'un , de l'épaisse ronce , en bravant l'aiguillon ,
Cueillait la grappe noire à travers le buisson.
Vous êtes peu sensé , lui dit son compagnon ,
De vous piquer les doigts , de prendre tant de peine ,
Pour salir votre bouche et gâter votre haleine ,
M'égratigner les mains , pour attraper si peu ,
A Dieu ne plaise.
Je veux manger meilleur et manger à mon aise.
Il court vers un poirier se trouvant dans ce lieu :
De l'œil il le mesure , avec fierté l'embrasse
Et grimpe un certain bout ; cette branche est trop basse .
Dit-il , montons plus haut , goûtons un air plus frais ,
Les fruits sont plus brillants : de degrés en degrés ,
Il atteint à la cime ; et là , cueillant des poires ,
D'un air majestueux contemplant au lointain ,
Sur notre buissonnier baissait un œil malin ;
Lui crachait sur le dos , méprisait ses mains noires ,
Et pourtant enviait et ses jeux , et ses pas ,
Sa paix , sa liberté , ses bonds sur la verdure ,
Tandis que lui serré , cloué dans sa posture ,
N'osait faire un écart ni trop mouvoir les bras :
La crainte de tomber troublait ses beaux repas.

Un vent impétueux s'élève avec furie :
Le fier pâlit d'effroi , tout tremble sous ses pas ;
La tête du poirier , qui balance et qui crie ,
Au fort de l'ouragan se rompt avec fracas ;
Entrainé dans la chute , en tombant il s'écrie ,
Et son corps tout meurtri roule presque sans vie
Aux yeux épouvantés de son cher compagnon ,
Qui reposait en paix à l'abri d'un buisson.

Orgueilleux . cramponnés à ces sublimes faîtes ,
Nains brillants , dont le pied veut écraser nos têtes ,
Considérez les faits , le sort de ce bambin ,
Pareille est votre vie et souvent votre fin.
Dans cette humilité , qui vous semble bassesse ,
Apprenez à puiser des leçons de sagesse.

FIN.